AF369553

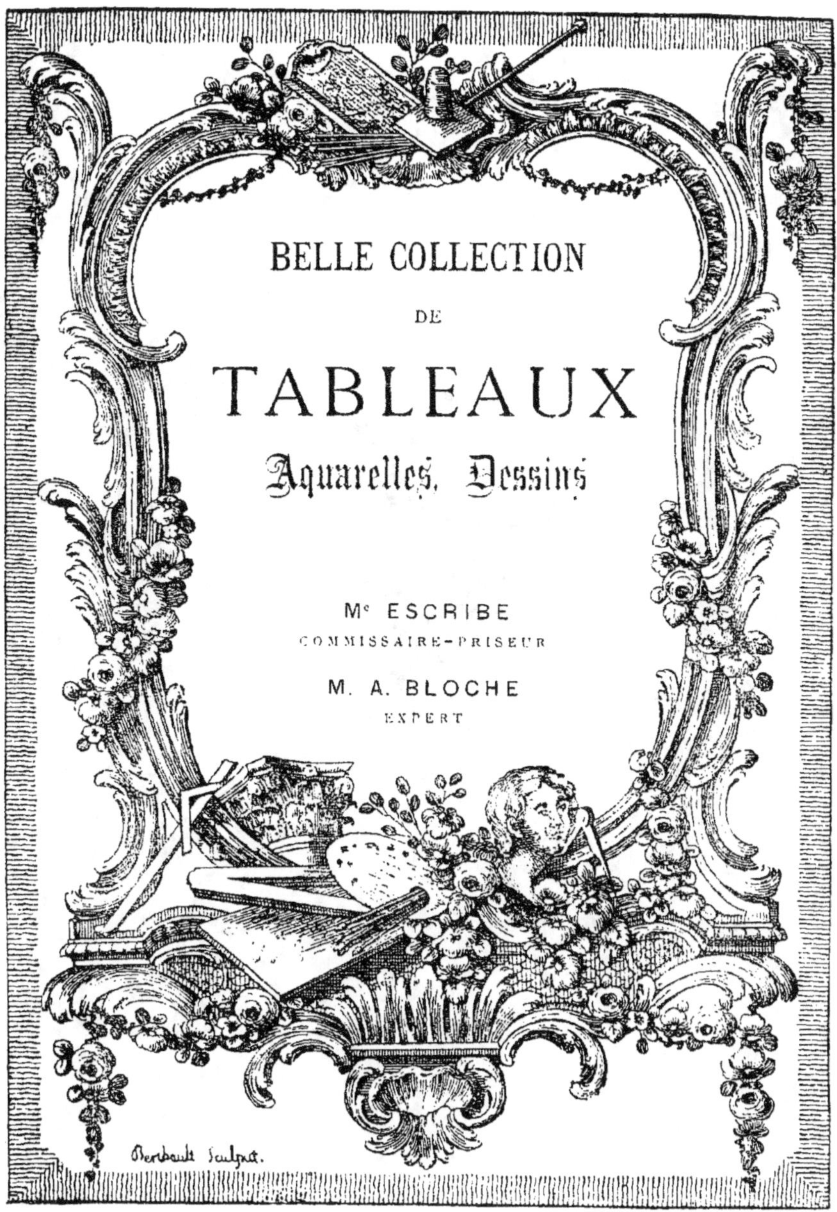
BELLE COLLECTION
DE
TABLEAUX
Aquarelles, Dessins
Mᶜ ESCRIBE
COMMISSAIRE-PRISEUR
M. A. BLOCHE
EXPERT
Berthault Sculpst.

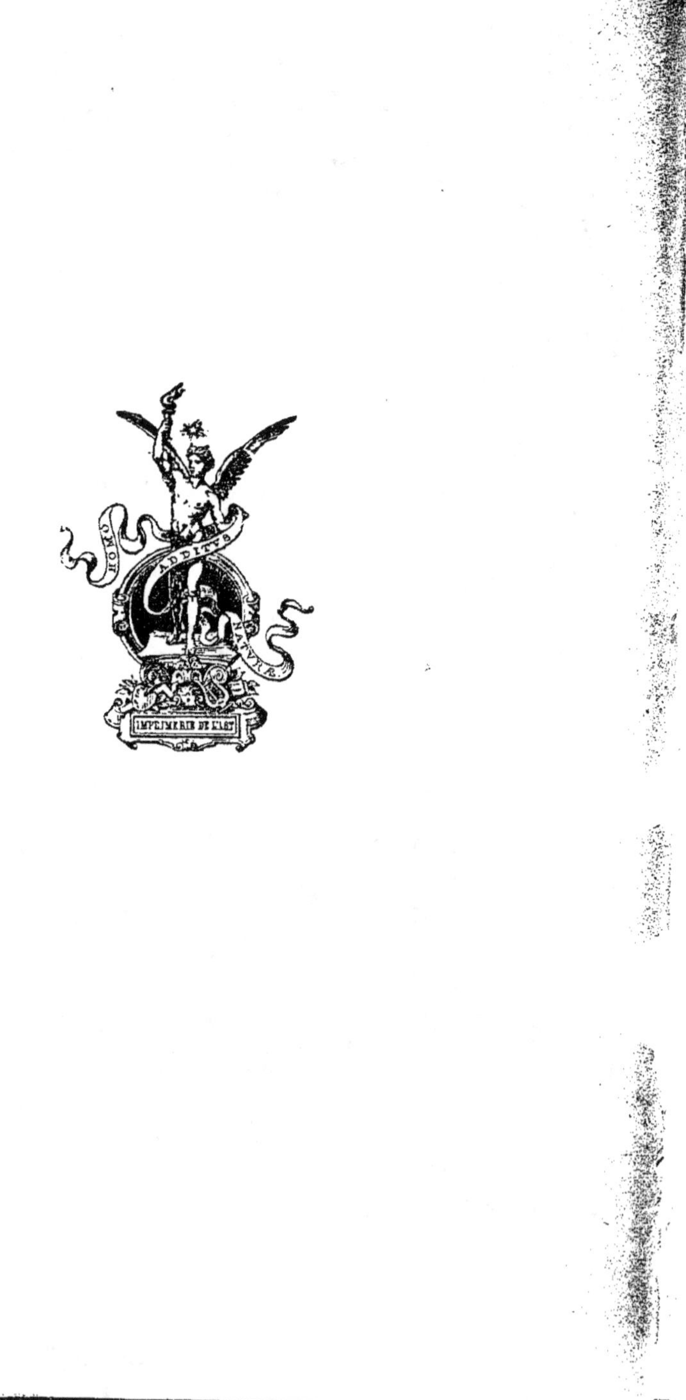
HOMO
ADDITVS
NATVRÆ
IMPRIMERIE DE L'ÉTAT

CATALOGUE

D'UNE JOLIE COLLECTION DE

TABLEAUX ANCIENS

ET

MODERNES

De Van den Avont, Berghem, Boucher, Carrot
Constable, Coypel, Duplessis-Bertaux
Fragonard, Goya, Guardi, Léo Hermann, Charles Jacque
Janssens, Mlle Ledoux, Lépicié, C. Van Loo
L. M. Van Loo, Nattier, Ommeganck, Scheneau
Taunay, Wouwermans, Wilson

BELLES AQUARELLES, DESSINS

PAR

Bénassit, Berne-Bellecour, C. Detaille
Édouard Detaille, Gavarni
Gros, Ch. Jacque, Louis Leloir, M. Leloir, Palissy
Toudouze, Vibert, Voillemot, Zamacoïs, Zichy

DONT LA VENTE AURA LIEU

HOTEL DROUOT, SALLE N° 3

Le Mardi 8 Mai 1888

A TROIS HEURES

Me ESCRIBE | **M. A. BLOCHE**
COMMISSAIRE-PRISEUR | EXPERT
6, rue de Hanovre, 6. | 23, rue Chauchat, 23

EXPOSITIONS

PARTICULIÈRE | PUBLIQUE
Le Dimanche 6 Mai 1888 | *Le Lundi 7 Mai 1888*
DE I HEURE I/2 A 5 HEURES | DE I HEURE I/2 A 5 HEURES I/2

D. 5412

CONDITIONS DE LA VENTE

Elle sera faite au comptant.

Les Acquéreurs payeront, en sus des adjudications, CINQ CENTIMES PAR FRANC applicables aux frais.

Paris. — Imp. de l'Art. E. MÉNARD et Cⁱᵉ, 41, rue de la Victoire.

TABLEAUX

Anciens et Modernes

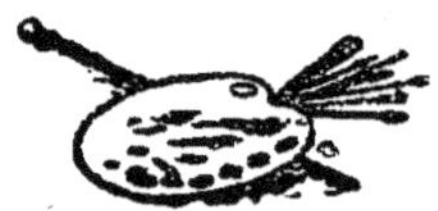

BOUCHER

(FRANÇOIS)

3 — *Scène champêtre.*

> Un vieillard fait la lecture à deux jeunes
> filles assises près de lui, occupées à
> tresser des paniers près d'une chaumière
> abritée par de grands arbres.
> Gracieuse composition.
> Provient de la vente Burat.
> Cadre en bois sculpté.

CARROT

4 — *Intérieur du temps de Louis XVI.*

CONSTABLE

5 — *Vue des environs de Londres.*

Effet de nuit.

COYPEL

6 — *La Toilette de l'Amour.*

    Charmante composition de nombreuses figures d'enfants très occupés autour de l'Amour assis devant un miroir.
A été gravé.

DUPLESSIS-BERTAUX

7 — *Marché aux environs de Paris.*

    Composition animée.
Signé.

FRAGONARD

8 — *Le Triomphe de Silène.*

    Belle esquisse.

GOYA

9 — *Combat de taureaux.* (*Esquisse*)

GUARDI

10 — *Paysage et ruines.*

> Près d'une rivière, animé de pêcheurs et de bateaux.
> Belle qualité.

HERMANN

(LÉO)

11 — *Les Malheurs du pâtissier.*

> Très joli petit tableau, d'une finesse remarquable.
> Signé à gauche.

JACQUE

(CHARLES)

12 — *Berger et bergère surveillant leur troupeau, sous bois.*

> Belle qualité.
> Signé à gauche.

JANSSENS

13 — *La Mascarade.*

Mlle LEDOUX

(D'après GREUZE)

14 — *L'Innocence.*

> Belle reproduction, faite dans l'atelier de Greuze, de ce célèbre tableau de la galerie Pourtalès.
> Sur toile et châssis du temps.
> Certains détails, notamment les draperies, doivent être de Greuze.
> Cadre ancien en bois sculpté.

LÉPICIE

15 — *Tête de jeune fille.*

Tournée de trois quarts vers la droite, corsage décolleté laissant voir les seins, malgré un fichu de gaze jeté négligemment sur les épaules et retombant sur la poitrine.

Œuvre pleine de charme.

VAN LOO

(CARLE)

16 — *Portrait de grande dame.*

Représentée en vestale.

VAN LOO

(LOUIS-MICHEL)

17 — *Portrait d'une grande dame de l'époque.*

Représentée à mi-corps en élégant costume, corsage décolleté, tenant un bouquet de fleurs à la main.

NATTIER

18 — *Portrait présumé de la marquise de Tressan, en vestale.*

> Elle est assise, vêtue de blanc, manteau bleu rejeté en arrière, laissant voir les épaules nues. De la main gauche, elle tient les plis de sa robe.
>
> Beau portrait rappelant, comme facture, celui du maître, classé sous le n° 232 dans la galerie Lacaze.
>
> Cadre sculpté ancien.

OMMEGANCK

19 — *Animaux au pâturage.*

SCHENEAU

20 — *Dames et seigneurs en costumes Louis XIV, faisant de la musique dans le parc de Versailles.*

TAUNAY

21 — *Don Quichotte chargeant un troupeau de moutons.*

Touche très fine.

WILSON

22 — *Lisière de forêt.*

WOUWERMANS

(PIERRE)

23 — *Les Contrebandiers.*

Effet d'hiver.

ÉCOLE ANGLAISE

24 — *Portrait de Bône, le célèbre mi-
niaturiste anglais.*

AQUARELLES, DESSINS

BÉNASSIT

25 — *La Halte.*

>Aquarelle.
>Signée à droite.

BERNE-BELLECOUR

(E.)

26 — *A travers la feuillée.*

>Aquarelle.
>Signée à gauche et datée 1870.

DETAILLE

(CHARLES)

27 — *Rallye-paper.*

Dans le parc de Saint-Cloud.
Aquarelle en forme d'éventail.
Signée à droite et datée 1875.

DETAILLE

(ÉDOUARD)

28 — *Le Muscadin.*

Aquarelle d'une finesse remarquable.
Signée à droite, datée 1870.

GAVARNI

29 — *Le Débardeur.*

Aquarelle.
Signée.

GROS

(L.)

30 — *Cavalier Louis XIII.*

Aquarelle.
Signée à gauche, datée 1875.

JACQUE

(CHARLES)

31 — *La Bergerie.*

Très beau dessin.
Signé à droite.

LELOIR

(LOUIS)

32 — *Le Farniente.*

Superbe aquarelle.
Signée à droite, datée 1877.

LELOIR

(MAURICE)

non vendu

33 — *La Leçon de musique.*

Dessin très original et plein d'esprit.
Signé à gauche, daté 1881.

LELOIR

(MAURICE)

350.
220.

34 — *Le Passage du gué.*

Dessin.
Signé à droite et daté 1881.

PALISSY

non vendu

35 — *Sorrente.*

Charmante aquarelle en forme d'éventail.
Signée à droite.

TOUDOUZE

36 — *Les Amateurs de livres.*

Aquarelle.
Signée à gauche, datée 1881.

VIBERT

(J. G.)

37 — *Le Cardinal amateur.*

Très belle aquarelle.
Signée à gauche.

VIBERT

(J. G.)

38 — *La Diseuse de bonne aventure.*

Aquarelle.
Signée à droite.

VIBERT

(J. G.)

39 /— *L'Escalade défendue.*

Charmant dessin.
Signé à gauche.

VIBERT

(J. G.)

40 /— *Le Joueur de bilboquet.*

Joli dessin.
Signé à droite.

VIBERT

(J. G.)

41 — *Le Reître endormi devant l'âtre.*

Beau dessin.
Signé à droite.

VIBERT

(J. G.)

42 — *Les Chefs du Caucase.*

>Dessin.
>Signé dans le bas.

VOILLEMOT

(CH.)

43 — *Vénus et l'Amour.*

>Aquarelle.
>Signée à droite.

ZAMACOÏS

44 — *Le Courtisan.*

>Signé à droite.

ZICHY

45 — *L'Éducation de bébé.*

Grand et beau dessin.
Signé à gauche et daté 1874.

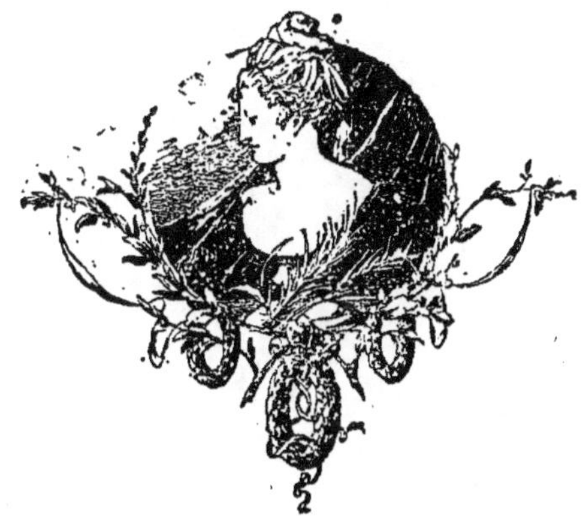